Matemáticas en una democracia

escrito por Erin Ash Sullivan
adaptado por Francisco J. Hernández

Tabla de contenido

CAPÍTULO 1

¿Qué es una democracia?

¿Qué es una **democracia**? La palabra *democracia* viene de las palabras griegas *demos*, que significa "gente", y *kratein*, que significa "gobernar". Por lo tanto, democracia significa que la gente gobierna. La gente puede gobernar de forma directa, al votar para tomar decisiones, o de forma indirecta, al elegir representantes para que tomen decisiones. Esto es una democracia representada.

Todos los días se ve a la democracia en acción. En el recreo tus compañeros votan de manera informal si juegan pelota de mano o básquetbol. Tu ciudad vota de manera formal para decidir si se prohibirá o no fumar en lugares públicos. Cada cuatro años, los **ciudadanos** con derecho de los Estados Unidos votan para elegir al presidente.

Hace más de 2,500 años, los ciudadanos de Atenas, Grecia, tuvieron uno de los primeros gobiernos democráticos. Muchos ciudadanos tenían derecho a hablar y votar en la asamblea de la ciudad.

Casi al mismo tiempo, la gente de Roma también eligió la democracia. Cada año los ciudadanos romanos elegían a dos cónsules, las personas principales que tomaban las decisiones en el gobierno. Roma también tenía un Senado. Algunos senadores eran escogidos por los cónsules y otros eran elegidos por los ciudadanos.

Sin embargo, estas democracias antiguas no representaban a todas las personas porque sólo los ciudadanos hombres tenían voto. Las mujeres, los extranjeros y los esclavos no podían votar.

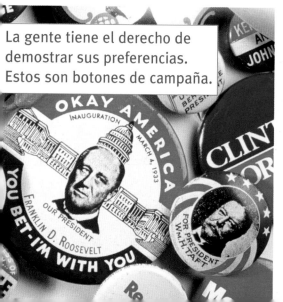

La gente tiene el derecho de demostrar sus preferencias. Estos son botones de campaña.

¡ES UN HECHO!

Los indígenas norteamericanos del Noreste crearon la primera democracia en Norteamérica. Durante muchos años, los mohawks, los oneidas, los onondagas, los cayugas y los senecas pelearon ferozmente. Por el año 1570, un hombre llamado Hiawatha los agrupó en la Liga Iroquesa. Un Gran Consejo gobernaba la Liga Iroquesa. Estaba formado por 10 hombres de cada tribu, elegidos por las mujeres por su valentía y sabiduría.

La historia de la democracia de los Estados Unidos

Los Estados Unidos eran un país nuevo en 1787. En mayo de ese año, los más grandes hombres de la época, George Washington, Alexander Hamilton, James Madison y otros, se reunieron en Filadelfia, Pennsylvania, para la Convención Constitucional. Su objetivo era escribir una **constitución**, o plan para el gobierno del país.

Durante los cuatro meses siguientes, los **delegados** trataron muchos asuntos. ¿Cómo debía estar organizado el gobierno? ¿Qué responsabilidades debía tener cada poder del gobierno? ¿Cuánto tiempo debían permanecer en el cargo los funcionarios electos? ¿Cómo debía estar representado cada estado? Durante ese verano, los delegados discutían hasta muy entrada la noche.

Entonces el 17 de septiembre de 1787, los delegados firmaron la nueva Constitución. Para que ésta fuera la ley del país, dos tercios de los estados— nueve de ellos—tenían que **ratificarla**, o aprobarla. Para el siguiente verano, 11 de los 13 estados habían ratificado la Constitución.

Línea cronológica de la Convención Constitucional

25 de mayo, 1787	6 de agosto, 1787	7 de agosto, 1787	17 de septiembre, 1787
Empieza la Convención Constitucional	Los delegados terminan un borrador de la Constitución	Los delegados debaten quién será elegible para votar	Los delegados firman la copia final de la Constitución; termina la convención

El general George Washington presidió la Convención Constitucional, que se reunió en Filadelfia, Pennsylvania.

Al mismo tiempo, James Madison escribió la Declaración de Derechos. Estas diez **enmiendas** a la Constitución protegían los derechos individuales, como la libertad de expresión y la libertad de culto.

¡Resuélvelo!

Usa la línea cronológica de la Convención Constitucional para contestar las siguientes preguntas.

a. ¿Exactamente cuántos días duró la Convención Constitucional?

b. Después de que Delaware ratificó la Constitución, ¿cuántos meses pasaron para que Rhode Island la ratificara?

c. ¿Hace cuántos años se ratificó la Constitución?

de diciembre, 1787	21 de junio, 1788	29 de mayo, 1790
Delaware es el primer estado que ratifica la Constitución	Los Estados Unidos ratifican la Constitución	Rhode Island es el último estado que ratifica la Constitución

5

Los tres poderes del gobierno

Los Estados Unidos de hoy son muy diferentes a los Estados Unidos de 1787. Sin embargo, la forma en que trabaja nuestro gobierno **federal**, o el gobierno de todo el país, es básicamente la misma. Los autores de la Constitución diseñaron un sistema que ha sobrevivido más de dos siglos de crecimiento y cambio.

El gobierno federal tiene tres poderes, o partes: el legislativo, el ejecutivo y el judicial. Cada poder tiene sus propias facultades y responsabilidades. Esto se llama **separación de poderes**. Cada poder puede examinar las decisiones de los otros. Con la autoridad dividida en tres poderes, ninguno de ellos se vuelve demasiado poderoso. Este arreglo se llama el sistema de **controles y equilibrios**.

SISTEMA DE GOBIERNO DE LOS ESTADOS UNIDOS

Los poderes del gobierno de los Estados Unidos

Poder legislativo	Poder ejecutivo	Poder judicial
Senado, Cámara de Representantes	Presidente, vicepresidente, departamentos	Corte Suprema, sistema de tribunales federales

El poder legislativo

A nivel federal, el poder legislativo se llama Congreso. Su trabajo es hacer las leyes. Las leyes pueden incluir declarar la guerra, crear impuestos y pedir dinero prestado.

El Congreso está formado por dos grupos separados pero similares que hacen leyes, el Senado y la Cámara de Representantes. Tanto el Senado como la Cámara deben aprobar un **proyecto de ley** para que éste se convierta en ley. Luego el presidente debe firmarlo. Si el presidente **veta** el proyecto de ley, que significa que el presidente lo rechaza, o no lo firma, el Congreso aún puede convertirlo en ley.

Para hacerlo, dos terceras partes de los miembros deben aprobarlo. Esto anula el veto del presidente.

El edificio del Capitolio en Washington, D.C. es la casa del poder legislativo del gobierno federal.

¡ES UN HECHO!

Los delegados en la Convención Constitucional tuvieron dificultades para decidir cómo establecer el Congreso. Los estados más grandes querían que la representación se basara en el tamaño de la población, mientras que los estados más pequeños querían que cada estado tuviera el mismo número de representantes. Roger Sherman de Connecticut propuso el Gran Compromiso: ¿Por qué no hacer ambas cosas? Eso fue exactamente lo que hicieron. En el Senado, cada estado tiene dos senadores. En la Cámara, el número de representantes depende de la población de cada estado.

El Senado es la mitad del Congreso. Cada estado elige a dos senadores. Un senador ocupa el cargo por seis años. Para ser senador, se debe tener por lo menos 30 años de edad, ser residente de su estado y haber sido ciudadano estadounidense por lo menos nueve años.

El Senado tiene responsabilidades específicas. Éstas incluyen aprobar los tratados que el presidente haga con otros países y aprobar a las personas que el presidente escoja para puestos de alto nivel.

La Cámara de Representantes es la otra mitad de la legislatura. Hay 435 representantes. El número de representantes por estado depende de la población del estado. Los estados con poblaciones mayores tienen más representantes. Un estado con muy poca población podría tener solo un representante.

Un representante debe tener por lo menos 25 años de edad, ser residente de su estado y ciudadano estadounidense por lo menos siete años.

Las responsabilidades de la Cámara incluyen presentar proyectos de ley que determinen nuevos impuestos o establecer nuevos días festivos nacionales.

2 ¡Resuélvelo!

Intenta algo de matemáticas legislativas:

a. ¿Cuál es el número mínimo de votos necesarios para constituir una mayoría en la Cámara? ¿En el Senado?

b. ¿Cuántos votos necesita la Cámara para una mayoría de dos terceras partes? ¿Cuántos necesita el Senado?

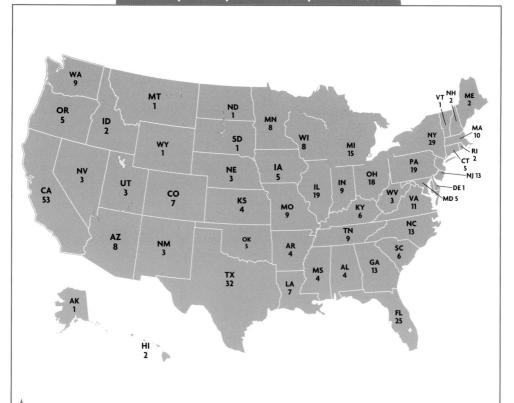

Mapa de representantes por estado

¡Resuélvelo!

Usa el mapa para contestar las siguientes preguntas.

a. ¿Cuántos representantes más que Florida tiene Nueva York?

b. ¿Cuántos estados tienen más representantes que Pennsylvania?

c. ¿Cuál es el número promedio de representantes de Michigan, Illinois, Wisconsin y Ohio?

d. Halla los seis estados que tienen el mayor número de representantes. Haz una gráfica de barras para presentar estos datos.

El poder ejecutivo

El poder ejecutivo del gobierno verifica que se cumplan las leyes del país. El presidente, el vicepresidente, los 15 departamentos del poder ejecutivo y varias agencias independientes forman el poder ejecutivo.

Para poder ser presidente, una persona debe tener por lo menos 35 años de edad y haber vivido en los Estados Unidos por lo menos 14 años. Además tiene que ser ciudadano estadounidense por nacimiento. Los presidentes ocupan el cargo por un período de cuatro años y no pueden ocuparlo más de dos períodos.

El presidente es el jefe de las fuerzas armadas. El presidente también hace tratados con países extranjeros y escoge a personas para puestos de alto nivel, como embajadores y jueces de la Corte Suprema. El presidente además tiene el poder de vetar leyes que proponga el Congreso.

El grupo de asesores del presidente se llama gabinete. Cada uno de los 14 miembros del gabinete, o secretarios, dirige un departamento. Cada departamento se concentra en un asunto específico, como la educación, el medioambiente, la economía y las relaciones exteriores.

El 20 de enero de 2009, Barack Obama prestó juramento como el presidente número 44 de los Estados Unidos con la presencia de su esposa y sus hijas.

¡ES UN HECHO!

Existen 15 departamentos específicos que forman el poder ejecutivo. Sus jefes, o secretarios, son miembros del gabinete. El gabinete únicamente asesora al presidente. En 2002, el presidente George W. Bush creó el Departamento de Seguridad del Territorio Nacional.

DEPARTAMENTOS

Departamento de Agricultura
Departamento de Asuntos de Veteranos de guerra
Departamento de Comercio
Departamento de Defensa
Departamento de Educación
Departamento de Estado
Departamento del Interior
Departamento de Justicia
Departamento de Recursos Energéticos

Departamento de Salud y Servicios Sociales
Departamento del Tesoro
Departamento de Trabajo
Departamento de Transporte
Departamento de Vivienda y Desarrollo Humano
Departamento de Seguridad del Territorio Nacional
Departamento de Asuntos de los Veteranos

El poder judicial

La tarea del poder judicial es verificar que las leyes sean constitucionales y que se interpreten y se apliquen de manera correcta. El poder judicial está formado por jueces federales. Lo encabeza la Corte Suprema, el tribunal más importante del país.

En la Corte Suprema hay nueve jueces. Uno de ellos es el Presidente del Tribunal Supremo. El presidente de los Estados Unidos elige a los jueces y el Senado los aprueba. Un juez de la Corte Suprema ocupa el cargo de por vida o hasta que desee retirarse.

Los nueve jueces de la Corte Suprema en 2010. ▼

Samuel A. Alito Jr. ▲ Ruth Bader Ginsburg ▲ Stephen G. Breyer ▲

Anthony M. Kennedy ▲ John G. Roberts Jr. ▲ Antonin Scalia ▲

Parte del trabajo de la Corte Suprema es decidir si las leyes del país son constitucionales. Este proceso de decisión se llama **revisión judicial**. Algunas veces la Corte Suprema decide que una ley es inconstitucional, o que no cumple con las reglas establecidas por la Constitución. Entonces la ley se revoca, o se desecha.

¡Resuélvelo!

Usa los datos de la tabla para contestar estas preguntas sobre los actuales jueces de la Corte Suprema.

a. ¿Cuál es la edad promedio de los jueces?

b. ¿Cuál es el rango en edad de los jueces?

c. ¿Qué juez ha estado en la Corte Suprema más tiempo? ¿Cuántos años?

d. ¿Qué juez ha estado en la Corte Suprema menos tiempo? ¿Cuántos años?

Sonia Sotomayor ▲   Clarence Thomas ▲

Elena Kagan ▲

Jueces de la Corte Suprema		
Juez	Año de nacimiento	Año de nombramiento
Scalia	1936	1986
Kennedy	1936	1988
Thomas	1948	1991
Ginsburg	1933	1993
Breyer	1938	1994
Roberts Jr.	1955	2005
Alito Jr.	1950	2006
Sotomayor	1954	2009
Kagan	1960	2010

Elecciones: La gente opina

Sufragio significa "el derecho al voto". La Constitución de los Estados Unidos otorga el sufragio a todos los ciudadanos con derecho. Sin embargo, la definición de ciudadano con derecho ha cambiado a través de los años.

En la primera elección presidencial, en 1789, sólo al seis por ciento de todos los estadounidenses se le permitió votar. Sólo podían votar los hombres blancos adinerados que tuvieran propiedades. Los autores de la Constitución creían que sólo estas personas estarían lo suficientemente instruidas para votar de manera inteligente.

En la década de 1820, algunos estados cambiaron las reglas. Los votantes ya no tenían que ser dueños de alguna propiedad, pero todavía tenían que ser hombres blancos.

¡ES UN HECHO!

Cuando Andrew Jackson fue electo en 1828, era tan popular que se le conocía como el "Presidente del pueblo". Miles de ciudadanos fueron a Washington, D.C., para celebrar su toma de posesión, muchos visitaron la Casa Blanca. Por desgracia, la multitud se volvió tan incontrolable que muchos de los muebles quedaron aplastados y arruinados.

Votos para los afroamericanos

Los hombres afroamericanos ganaron el derecho al voto cuando el Congreso aprobó la Decimoquinta Enmienda en 1870. Por cerca de 20 años, algunos afroamericanos votaron y resultaron electos para un cargo público.

Sin embargo, en la década de 1890, los estados del sur quitaron el derecho al voto a los afroamericanos. Los estados cobraban un impuesto al voto, una tarifa por votar, que muchos no podían pagar. Los estados también exigían exámenes de lectura que muchos no podían aprobar. En la década de 1960, las cosas empezaron a cambiar. El Dr. Martin Luther King Jr. y otros encabezaron protestas y marchas para demandar derechos civiles, como el derecho al voto, para los afroamericanos. El Congreso finalmente aprobó leyes que declaraban ilegal el impuesto de urna y protegían el derecho al voto de los afroamericanos.

Muchos ciudadanos marcharon en Washington, D.C., para demandar derechos civiles el 28 de agosto de 1963.

Votos para las mujeres

Las mujeres estadounidenses comenzaron su lucha por el sufragio hace mucho tiempo. En 1848, Lucretia Mott y Elizabeth Cady Stanton encabezaron una reunión en Seneca Falls, Nueva York, para proponer formas de obtener el sufragio para las mujeres. Encontraron una fuerte resistencia. La mayoría de los hombres creía que las mujeres no podían ni debían votar.

Durante los siguientes 70 años, miles de mujeres lucharon por el sufragio. En 1919, el Congreso aprobó la Decimonovena Enmienda, que dió a las mujeres el derecho al voto. Los estados la ratificaron en 1920. Las mujeres por fin tenían el derecho a expresar su opinión en las urnas electorales.

5 ¡Resuélvelo!

Contesta las siguientes preguntas.

a. ¿Cuántos años pasaron entre la reunión en Seneca Falls y la aprobación de la Decimonovena Enmienda?

b. ¿En qué año habría nacido el votante más joven en 1970?

c. ¿En qué año habría nacido el votante más joven hoy?

Las mujeres que creían en el sufragio, llamadas sufragistas, marchaban para demandar el derecho al voto. Una de las más famosas sufragistas fue Susan B. Anthony.

El voto hoy

Para votar en la actualidad, una persona debe tener 18 años de edad, ser ciudadano estadounidense y residente de la ciudad y el estado en que vota. Los ciudadanos pierden su derecho al voto si han sido condenados por un delito grave.

Hasta 1971, la edad mínima para votar era 21 años. La edad se redujo porque muchos de los soldados que pelearon y murieron en la Guerra de Vietnam tenían un mínimo de 18 años. Mucha gente creía que los que tenían la edad suficiente para pelear por su país deberían tener el derecho de votar. La Vigésimo sexta Enmienda cambió la edad para votar a 18.

El reverendo Jesse Jackson fue candidato para presidente en 1984 y 1988.

Los que votan por primera vez tienen que **inscribirse**, o anotarse. Es muy fácil. En muchos estados, las personas pueden inscribirse para votar en las bibliotecas y las escuelas. Para inscribirse, los ciudadanos deben comprobar que son residentes de las ciudades, pueblos, municipios, distritos y aldeas donde planean votar.

Cuando las personas se inscriben, también pueden unirse a un partido político. Un partido político es un grupo de personas que comparten opiniones sobre el papel que el gobierno debe tener en la vida de los ciudadanos. Los partidos políticos por lo general trabajan para elegir funcionarios que intenten aprobar leyes que el partido político apoya.

6 ¡Resuélvelo!

Los republicanos y los demócratas no siempre han sido los principales partidos políticos del país. Mira esta gráfica y contesta las siguientes preguntas.

a. ¿Qué partido ha existido más tiempo? ¿Cuántos años?

b. ¿Qué partido duró más, el Federalista o el Whig? ¿Cuántos años más?

c. ¿Cuántos años después del inicio del Partido Demócrata comenzó el Partido Republicano?

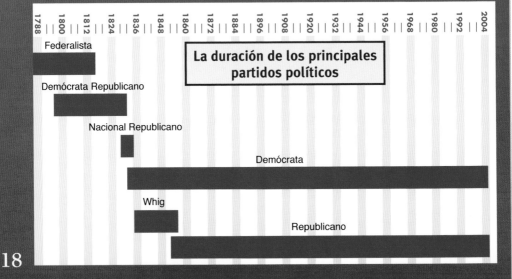

La duración de los principales partidos políticos

En la actualidad, los dos partidos políticos principales en los Estados Unidos son los republicanos y los demócratas. En general, los republicanos apoyan la idea de que el gobierno no debe tener un papel importante en la vida de los individuos. Los demócratas por lo regular buscan que el gobierno establezca programas que ayuden a sus ciudadanos.

Alguien que se inscribe como demócrata o como republicano puede votar en las **elecciones primarias**. Las elecciones primarias son elecciones especiales que realiza cada partido para elegir un **candidato** para cada cargo en la elección principal. Las personas que no deseen inscribirse con uno de los partidos políticos pueden elegir ser "independientes".

Cada uno de los principales partidos políticos realiza una convención para nominar, o escoger, a los candidatos para presidente y vicepresidente.

Imagina que tienes 18 años y que es el día de las elecciones. Te inscribiste, leíste sobre los temas y te informaste acerca de los candidatos. Ahora te diriges a tu urna electoral.

Una **urna** es un sitio local para votar, como una escuela o el ayuntamiento. A cada votante inscrito se le asigna un lugar específico para votar.

¡Revísalo!

Piénsalo

En el siglo XVIII, los votantes anunciaban su elección a la multitud en la urna. Hoy las personas votan por medio de papeletas secretas. ¿Por qué es mejor una papeleta secreta? ¿Qué problema podría haber si anunciaras tu voto al público?

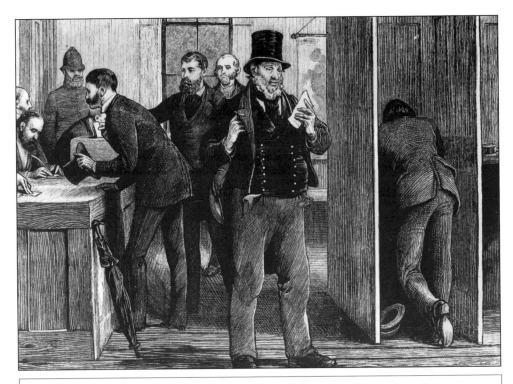

Esta ilustración representa la elección de 1873, en la cual varios hombres están formados para recibir sus papeletas para votar. Observa que no hay mujeres ni afroamericanos.

Después de identificarte con los encargados de la urna y de firmar el registro de votantes, te diriges a un cubículo. Allí vas a depositar tu **papeleta**, o el registro de tus votos.

Todos los estados usan máquinas para votar. En algunas máquinas para votar, das tu voto al accionar una serie de pequeñas palancas. La máquina registra tu voto cuando jalas una palanca grande al salir del cubículo. Otros cubículos usan un sistema de voto computarizado; tocas una pantalla para marcar tu selección en la papeleta.

7 ¡Resuélvelo!

Algunos votantes perforan tarjetas para votar. Una computadora lee las tarjetas.

a. A un ritmo de 1,000 tarjetas por minuto, ¿cuántas tarjetas puede leer una computadora en una hora? ¿En dos horas?

b. ¿Aproximadamente cuánto tiempo le tomará a una computadora leer 100,000 tarjetas? ¿500,000 tarjetas?

Quizá en el futuro, lo normal sea votar por medio de pantallas de alta tecnología sensibles al tacto.

Pagar por una democracia

Nuestro gobierno federal necesita dinero para funcionar. Mucho de este dinero proviene de los ciudadanos en forma de impuestos.

Todas las personas en los Estados Unidos están familiarizadas con los impuestos de una u otra forma. Quienes tienen una propiedad pagan un impuesto según el tamaño y el valor de su propiedad. Los consumidores pagan un impuesto de venta en los artículos que compran. Quienes compran artículos como gasolina, cigarrillos y alcohol pagan un impuesto adicional.

El impuesto sobre la renta

La fuente de dinero más importante del gobierno federal es un impuesto sobre los ingresos. La mayoría de las personas que trabajan paga un impuesto sobre la renta.

8 ¡Resuélvelo!

¿Cuánto pagarías en Massachusetts por un CD que cuesta $14.99? ¿En Nueva York? ¿En California? ¿En Texas?

Impuesto de venta estatal en estados seleccionados	
California	8.25%
Massachusetts	6.25%
Nueva York	4.00%
Texas	6.25%

¿Sabes cuál es el impuesto de venta en tu estado?

El impuesto sobre la renta equivale a un porcentaje del dinero que las personas ganan. En general, las personas que ganan más dinero pagan un porcentaje mayor de impuestos que las que ganan menos dinero.

Antes de 1913, no existía el impuesto sobre la renta. Los trabajadores se quedaban con todo el dinero que ganaban. Las cosas cambiaron cuando el Congreso aprobó la Decimosexta Enmienda, la cual estableció el Servicio de Impuestos Internos (IRS por sus siglas en inglés) para recaudar impuestos. Las leyes acerca de los impuestos, o leyes fiscales, han cambiado con el paso de los años.

9 ¡Resuélvelo!

Imagina que ganas $46,200 al año.

a. ¿Cuánto ganas al mes?

b. El gobierno federal toma el 18 por ciento de lo que ganas por el impuesto sobre la renta. ¿Cuánto pagas de impuesto sobre la renta?

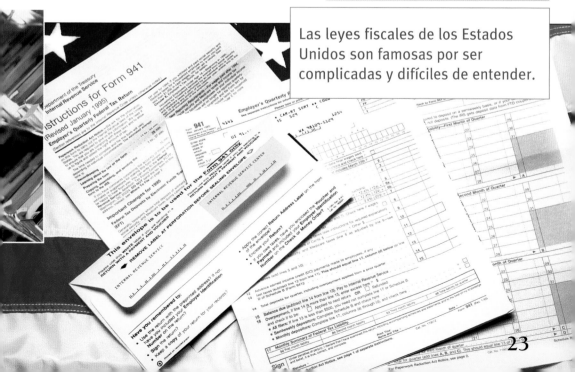

Las leyes fiscales de los Estados Unidos son famosas por ser complicadas y difíciles de entender.

23

1999
Federal Budget Deficit

$ 0 !

El presidente expone sus objetivos cada año antes de presentar el presupuesto al Congreso. ¡El déficit del presupuesto de 1999 presentado por el presidente Bill Clinton y el vicepresidente Al Gore fue un sorprendente $0!

Preparación del presupuesto

¿Cómo decide el gobierno cuánto gastar? Cada año el presidente prepara un **presupuesto**, un plan de gastos, para todo el país. Primero el presidente y sus asesores estiman cuánto dinero estará disponible para gastar. Después, cada departamento prepara su propio presupuesto en el que pide el dinero suficiente para poner en marcha sus programas.

El presidente debe equilibrar las necesidades y las peticiones de cada departamento con el dinero que hay disponible. Con frecuencia, cada departamento termina modificando su presupuesto. Por último, el presidente entrega el presupuesto sugerido al Congreso, el cual debe analizar y aprobar cada asunto. El Congreso también puede agregar y quitar asuntos.

La Cámara de Representantes tiene la tarea de establecer cualquier impuesto nuevo o cualquier recorte de impuestos. Lo hace mediante la elaboración de proyectos de ley. Luego los comités de la Cámara y del Senado trabajan en los proyectos de ley. El Congreso y el presidente deben aprobar cualquier cambio que recomienden los comités.

Aunque el gobierno necesita dinero para funcionar, a la mayoría de la gente no le gusta pagar impuestos. Casi todas las personas se enojan cuando aumentan sus impuestos. Por esa razón, los funcionarios electos a menudo no están dispuestos a aprobar nuevas leyes fiscales. No quieren ser culpados por aumentar los impuestos.

¡Revísalo!

Coméntalo

El 15 de abril es el día para la declaración de impuestos. Los caricaturistas se divierten mucho representando lo que la gente siente sobre este suceso anual. ¿Qué crees que el dibujante está tratando de decir?

10 ¡Resuélvelo!

Supón que recibes $15.00 a la semana para tus gastos. Prepara tu propio presupuesto. Si tuvieras que gastar $1.00 para el almuerzo todos los días, ¿cómo cambiaría tu presupuesto?

25

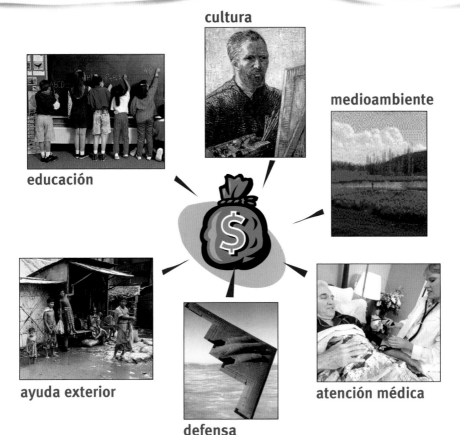

cultura

medioambiente

educación

ayuda exterior

defensa

atención médica

Los servicios

¿Adónde va todo el dinero de los impuestos? Éstas son sólo algunas de las cosas que el gobierno federal paga cada año:

- Defensa: mantenimiento de las fuerzas armadas y desarrollo de tecnología de defensa
- Servicios sociales: proporcionar ayuda a los ancianos a través de programas como Seguridad Social y Medicare, y a las familias necesitadas mediante el programa Medicaid
- Educación: ayudar a las comunidades locales a construir escuelas, pagar a los maestros y comprar materiales
- Medioambiente: preservar los espacios abiertos y dar mantenimiento a las áreas verdes
- Cultura: financiar programas culturales
- Ayuda exterior: ayudar a los países necesitados

El objetivo de cualquier presupuesto es no gastar más dinero del que está disponible. Algunos presupuestos incluso intentan gastar menos de lo que está disponible, para que el dinero extra, el **superávit**, pueda ahorrarse.

Sin embargo, un superávit en el presupuesto del gobierno es raro. Es más frecuente que el gobierno gaste más dinero del que tiene en realidad. Esto crea un **déficit** del presupuesto. El gobierno obtiene el resto del dinero que necesita al pedir préstamos. Una forma en la que el gobierno pide dinero prestado es vendiendo bonos a sus ciudadanos.

11 ¡Resuélvelo!

Supón que pagaste $100 de impuestos en 2002.

a. ¿Qué parte de tu dinero se gastaría en defensa, asumiendo que ésta representa el 16% del presupuesto?

b. ¿En educación, asumiendo que ésta representa el 23% del presupuesto?

c. ¿En el medioambiente, asumiendo que éste representa el 12% del presupuesto?

Este reloj muestra cuánto debe el gobierno.

OUR NATIONAL DEBT:

$0,144,044,500,000

OUR *Family share* $00,000

THE NATIONAL DEBT CLOCK

CAPÍTULO 5

Una democracia saludable

El reto para los Estados Unidos en el futuro será mantener su democracia fuerte y saludable. Una clave es asegurar que los ciudadanos sigan teniendo oportunidades justas para votar. Otra clave es asegurar que los ciudadanos estén bien informados sobre los asuntos.

Para que cualquier democracia permanezca fuerte y saludable, la gente debe seguir haciendo que su opinión sea escuchada. A pesar de las oportunidades cada vez mayores para votar, relativamente menos gente vota cada año. En 1860, el 81 por ciento de todos los votantes inscritos votó en las elecciones presidenciales. Para el 2000, ese número cayó a cerca del 52 por ciento.

12 ¡Resuélvelo!

Halla el porcentaje de la población en edad de votar que votó en cada una de estas elecciones. ¿Qué tendencia observas?
Si lo deseas usa una calculadora.

Año	Población en edad de votar	Inscritos	Asistencia	Porcentaje de PEV
2000	205,815,000	156,421,311	105,586,274	
1992	189,529,000	133,821,178	104,405,155	
1984	174,466,000	124,150,614	92,652,680	
1976	152,309,190	105,037,986	81,555,789	
1968	120,328,186	81,658,180	73,211,875	
1960	109,159,000	64,833,096	68,838,204	

Asistencia nacional de votantes en elecciones federales: 1960–2000 años seleccionados

PEV = Población en edad de votar

¿Por qué tantas personas deciden no votar? Algunas dicen que no tienen tiempo para ir a votar. Para otras es difícil informarse sobre los diferentes asuntos. Muchos piensan que su voto no cuenta. Sin embargo, en una democracia todos los votos cuentan.

Incluso si no tienes la edad suficiente para votar, puedes ser parte de una democracia. Puedes participar a nivel local y estatal. Puedes aprender más sobre los asuntos que son importantes para ti. Puedes escribir cartas a tus senadores y representantes. Puedes hablar con personas que sí pueden votar. Puedes animarlos a que se inscriban y voten, también puedes decirles lo que piensas sobre los diferentes asuntos.

Puedes ser parte de un proceso democrático dando a conocer tus puntos de vista y apoyando al gobierno estudiantil.

Respuestas para ¡Resuélvelo!

1. página 5:
   a. 116 días; b. 29 meses;
   c. 222 años (en 2010)
2. página 8:
   a. la Cámara necesita 218 para una mayoría y el Senado necesita 51;
   b. la Cámara necesita 290 para una mayoría de dos terceras partes y el Senado necesita 67.
3. página 9:
   a. 4; b. 4; c. 15;
   d.

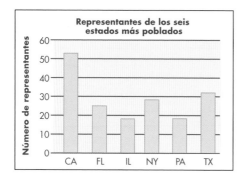

4. página 13:
   a. 64.4 años (en 2010);
   b. 27 años;
   c. Scalia, 24 años (en 2010);
   d. Kagan, 0 años (en 2010)
5. página 16:
   a. 71 años; b. 1949;
   c. 1992 (en 2010)
6. página 18:
   a. el Partido Demócrata, 178 años (en 2010); b. el Federalista, 8 años; c. 20 años

7. página 21:
   a. 60,000 tarjetas; 120,000 tarjetas;
   b. 100 minutos, o una hora con 40 minutos; 500 minutos, u ocho horas con 20 minutos
8. página 22:
   $15.93; $15.59; $16.23; $15.93
9. página 23:
   a. $3,850; b. $8,316
10. página 25:
    Las respuestas variarán; con $1.00 para el almuerzo diario, el ingreso disponible baja a $8.00 a la semana.
11. página 27:
    a. $16.00; b. $23.00;
    c. $12.00
12. página 28:

Año	Porcentaje de PEV
2000	51.3%
1992	55.1%
1984	53.1%
1976	53.5%
1968	60.8%
1960	63.1%

Glosario

candidato	persona que compite por un cargo (pág. 19)
ciudadano	persona que vive en su país y le demuestra lealtad (pág. 2)
constitución	plan para un gobierno (pág. 4)
controles y equilibrios	cada poder del gobierno puede examinar las decisiones de los otros dos (pág. 6)
déficit	en un presupuesto, la cantidad en que los gastos superan a los ingresos (pág. 27)
delegado	representante en una junta (pág. 4)
democracia	sistema de gobierno en el que los ciudadanos toman las decisiones al votar (pág. 2)
elección primaria	elección especial que realiza cada partido para elegir un candidato para las elecciones generales (pág. 19)
enmienda	ley agregada a la Constitución (pág. 5)
federal	a nivel nacional (pág. 6)
inscribirse	registrarse para votar (pág. 18)
papeleta	registro del voto de un votante; algunas veces en una hoja de papel (pág. 21)
presupuesto	un plan para gastar dinero (pág. 24)
proyecto de ley	una ley propuesta (pág. 7)
ratificar	aprobar una ley (pág. 4)
revisión judicial	proceso por el cual la Corte Suprema decide si las leyes del país son constitucionales (pág. 13)
separación de poderes	cada poder del gobierno tiene sus propias facultades y responsabilidades (pág. 6)
sufragio	el derecho a votar (pág. 14)
superávit	en un presupuesto, la cantidad en que los ingresos superan a los gastos (pág. 27)
urna	sitio local para votar (pag. 20)
veto	decir no a algo (pag. 7)

Índice